62844312R00057

Made in the USA
Middletown, DE
26 January 2018